青少年运动技能精品课程

儿童青少年
零基础学柔道

精编视频学习版

刘玉香 编著

人民邮电出版社

北 京

图书在版编目（CIP）数据

儿童青少年零基础学柔道：精编视频学习版 / 刘玉
香编著． -- 北京：人民邮电出版社，2023.8
青少年运动技能精品课程
ISBN 978-7-115-61817-7

Ⅰ．①儿… Ⅱ．①刘… Ⅲ．①柔道－青少年读物
Ⅳ．①G886.4-49

中国国家版本馆CIP数据核字(2023)第115580号

免 责 声 明

作者和出版商都已尽可能确保本书技术上的准确性以及合理性，并特别声明，不会
承担由于使用本出版物中的材料而遭受的任何损伤所直接或间接产生的与个人或团体
相关的一切责任、损失或风险。

内 容 提 要

本书由国家女子柔道队原主教练刘玉香亲自进行内容讲解和动作演示。

本书共分为 5 章，第 1 章介绍了柔道的礼仪规范、段位级别和比赛规则等基础知
识；第 2 章介绍了柔道的基本身体姿势，以及基本步法、基本受身等动作技术；第 3 章
至第 5 章对柔道的基本立技、基本寝技和基本连络技进行了详细讲解。

本书以图文结合的方式对柔道动作技术进行了分步展示，对关键要领进行了详细讲
解，并配有 46 段免费教学视频，以帮助儿童青少年柔道练习者从零入门、快速进阶。

- ◆ 编　　著　刘玉香
  责任编辑　刘　蕊
  责任印制　彭志环
- ◆ 人民邮电出版社出版发行　　北京市丰台区成寿寺路 11 号
  邮编　100164　电子邮件　315@ptpress.com.cn
  网址　https://www.ptpress.com.cn
  北京瑞禾彩色印刷有限公司印刷
- ◆ 开本：700×1000　1/16
  印张：8　　　　　　　　　　　2023 年 8 月第 1 版
  字数：126 千字　　　　　　　 2023 年 8 月北京第 1 次印刷

定价：49.80 元

读者服务热线：(010)81055296　印装质量热线：(010)81055316
反盗版热线：(010)81055315
广告经营许可证：京东市监广登字 20170147 号

前言

　　时光飞逝，不知不觉我已投身柔道事业30多年了。从运动员到教练，从女孩到母亲，虽然自己的角色在不断地变化，但不变的是我对柔道事业的坚持与热爱。

　　我从14岁开始练习柔道，随着对柔道认识的加深，逐渐喜欢上了柔道，并决定以此为事业。台下付出汗水，台上奋力拼搏，在柔道事业上我取得了一些成绩并多次获得世界级比赛的冠军。

　　柔道在我国的发展很快。在历届奥运会上，我国的多位选手获得了奖牌，例如庄晓岩、孙福明、冼东妹、杨秀丽、佟文等。她们的好成绩激励着我继续努力，同时推动着中国柔道继续向前发展。

　　鞭策和激励是同时存在的。我们的柔道队伍在成长的同时，也经历了挫折和低谷。在第30届至第32届奥运会上，中国柔道队没有获得一块金牌。这是中国柔道自1992年巴塞罗那奥运会以来最差的成绩，我们感到了深深的压力。作为体育人，作为柔道人，我深感肩上的责任重大。我将始终坚持"不忘初心，牢记使命"，为我国的柔道事业贡献自己的力量，也衷心祝愿我国柔道事业在柔道人的共同努力下再创辉煌！

刘玉香

CONTENTS
目录

在线视频访问说明

本书提供部分动作的在线视频，您可通过微信"扫一扫"，扫描书中的二维码进行观看。

步骤1　点击微信聊天界面右上角的"+"，弹出功能菜单（图1）。

步骤2　点击弹出的功能菜单上的"扫一扫"进入该功能界面，扫描右边的二维码。

步骤3　直接进入视频目录，观看视频（图2）。

微信"扫一扫"

图1

图2

扫描右方二维码添加企业微信。

1. 首次添加企业微信，即刻领取免费电子资源。

2. 加入体育爱好者交流群。

3. 不定期获取更多图书、课程、讲座等知识服务产品信息，以及参与直播互动、在线答疑和与专业导师直接对话的机会。

第 1 章

开始柔道训练之前

1.1　柔道的礼仪规范

　　柔道是一项非常注重礼仪的运动，因此无论是训练还是比赛，为了表示对对方的尊重，都是从礼节开始并且以礼节结束的。

STEP

1

2

要点提示

约在一次呼吸之间完成一次行礼动作，大约为 4 秒。

行礼时眼睛不能看对方，不可抬下巴。

上半身前屈约 30 度，保持腰背挺直。

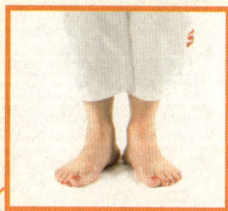

站立开始时双脚脚跟靠拢

自然站立姿势，双脚脚跟靠拢，膝关节伸直，目视对方，背要挺直，回收下颌，头部端正，双臂自然下垂。

行礼时上半身前屈大约 30 度，双臂从体侧移至大腿前并自然下垂，双手手指放在膝关节上方大腿位置。静止稍许后，自然伸直上半身恢复到最初姿势。

1.2 柔道的服装与场地

1.2.1 柔道服

颜色

　　柔道服最初只有白色一种颜色，双方选手分别系红色和白色腰带来区分，但是这种穿法给观众和裁判在区分双方选手时带来了视觉困难。

　　为了便于区分双方选手，人们引入了蓝色的柔道服。但在日本的一些比赛中，依然沿用双方都穿白色柔道服并以腰带颜色来区分选手的方法。

要点提示

在比赛时，一方柔道运动员穿白色柔道服，另一方柔道运动员穿蓝色柔道服。

白色柔道服展示　　　　　蓝色柔道服展示

3

柔道服必须由耐用性较强的棉制品或类似的材料制成，并且完好无缺（无裂缝或撕裂处）。如果一个比赛者的柔道服在比赛中出现污损等情况，主裁判必须令其在最短的时间内换上符合规定的柔道服。

扎上腰带后，上衣要盖住臀部，手臂平举时袖口与手腕的水平距离不得超过 5 厘米，左衣襟压住右衣襟的重叠部分至少为 20 厘米。

手臂平举时手腕与袖口的水平距离不得超过 5 厘米

前臂位置衣袖和手臂的空隙为 10~15 厘米

膝关节和裤腿之间的空隙为 10~15 厘米

裤脚到脚踝的距离不得超过 5 厘米

腰带宽 4~5 厘米，长度需达到在其绕腰两周系好后，两端各留 20~30 厘米的空余段。

裤子长度应能盖住双腿，最长可覆盖到脚踝关节。裤脚到脚踝的距离不得超过 5 厘米。

腰带系法

STEP

1

左衣襟在上，
右衣襟在下，
两者压叠。

2

穿柔道服时应先穿上衣，左衣襟要压住右衣襟。再将腰带正中间的位置对准腹部正中间，随后将腰带向两侧展开。

3

将腰带左右分开从身体后向身前缠绕一圈。

使腰带左右两边的带头在腹部前方交叉，将右边的带子压住左边的带子，由下向里穿出。

4

5

6

然后将另一端的带头由上往下地从图示位置穿出，将腰带打成结。

8

双手向两侧拉带头，将打结部位拉紧。

7

双手分别抓握带头。

柔道的腰带不能系得过高或过低，要系在腰腹部的位置，过高或过低都会使上衣容易散开

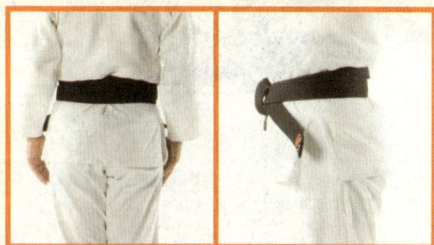

9

系好的腰带打结部位在腹部正中间。

叠法

将上衣两襟相对平铺，再将裤子对折叠放在上衣的中间。然后把上衣的袖子向中间折叠。

将上衣的两侧向中间折叠，然后把衣服从正中间对折。

最后用腰带绕在衣服上，用系腰带的打结方式打结系紧。

柔道比赛场地呈正方形，场地必须用榻榻米或类似榻榻米的合适材料铺设。

柔道垫子必须是固定的，要对"受身"技术起到缓冲作用，并且垫子表面既不能太光滑，也不能太粗糙。此外，排列垫子时中间不得留有空隙，同时要保持垫子的平坦，确保固定之后不会移位。

比赛场地可分为安全区和比赛区两个区域，比赛区呈正方形，边长最小为 8 米，最大为 10 米。比赛区以外的区域为安全区，其外侧边缘距比赛区外侧边缘至少为 3 米（奥运会、世锦赛、大师杯赛为 4 米）。当使用 2 个以上相邻的比赛场地时，允许在场地之间共用一个安全区。

比赛场地必须设在有弹性的地板或平台上。赛台应选用坚固且有弹性的木材制成。赛台边长约 18 米，高度不超过 1 米。在比赛场地周围要保留一个不小于长度为 50 厘米的空间，并且观众席与比赛场地要有足够的安全距离。

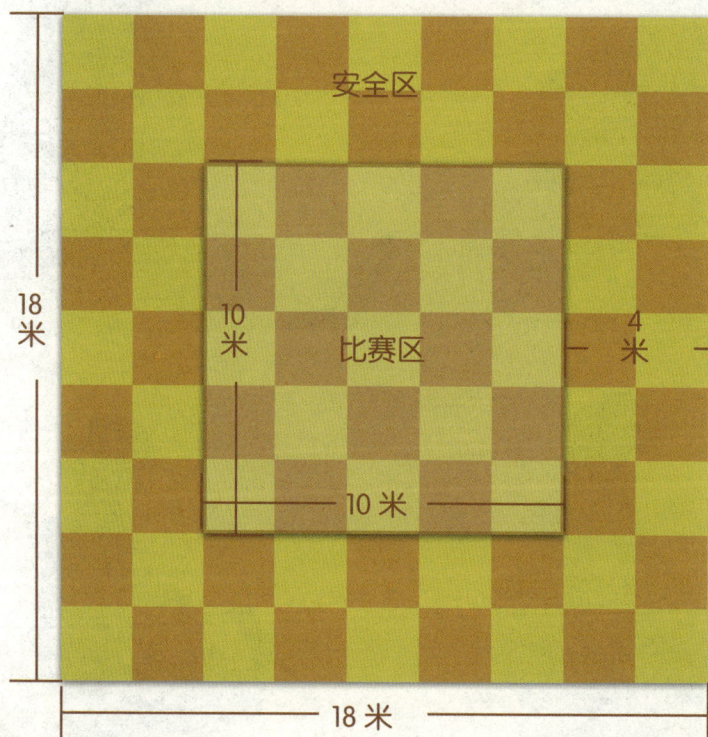

1.3　柔道的段位级别

　　段位制是推动柔道项目发展的主要手段之一。段位和级位划分的基本依据是申请者的年龄、从事柔道项目练习或活动的年限、技术水平、理论水平、研究成果、道德修养以及对柔道发展所做出的贡献等。

　　中国柔道协会推行的段位制采用 10 级十段制。段位晋升包括晋级和升段两部分内容。柔道练习者在初级阶段，尚未达到申请段位要求时称之为级，级位称号由 10 级到 1 级依次升高。柔道练习者达到中级至高级阶段，可以申请相应的段位，段位称号由一段到十段依次升高。

　　根据中国柔道协会试行的柔道段位制考试管理办法对级位、段位申报条件的要求，10 级到 1 级需逐级晋升，符合申报年龄即可申报，但一年最多晋级两次；段位也要逐段晋升，但是段位晋升申报条件、晋升规则要比级位复杂，详细内容可在柔道段位制考试管理办法中获取。级位、段位的申请必须满足最小年龄条件，否则申报不予批准。10 级到 1 级分别需要满足的最小年龄是 6 岁、7 岁、8 岁、9 岁、10 岁、11 岁、12 岁、13 岁、14 岁和 15 岁；一段到十段分别需要满足的最小年龄是 16 岁、18 岁、21 岁、25 岁、30 岁、40 岁、50 岁、60 岁、70 岁和 80 岁。

　　根据腰带的颜色可以区分练习者所处的水平。初学者的腰带为白带，10 级到 1 级腰带依次是粉带、橙带、淡黄带、黄带、淡绿带、绿带、淡蓝带、蓝带、紫带、褐带。一段到十段腰带依次是一段到五段为黑带、六段到八段为红白带、九段到十段为红带。

一段至五段

六段至八段

九段至十段

黑色腰带展示

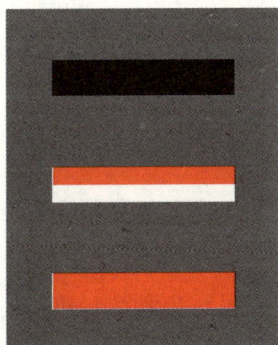

9

1.4 | 柔道的比赛规则

比赛级别

男子：-60 公斤级、-66 公斤级、-73 公斤级、-81 公斤级、-90 公斤级、-100 公斤级、+100 公斤级。

女子：-48 公斤级、-52 公斤级、-57 公斤级、-63 公斤级、-70 公斤级、-78 公斤级、+78 公斤级。

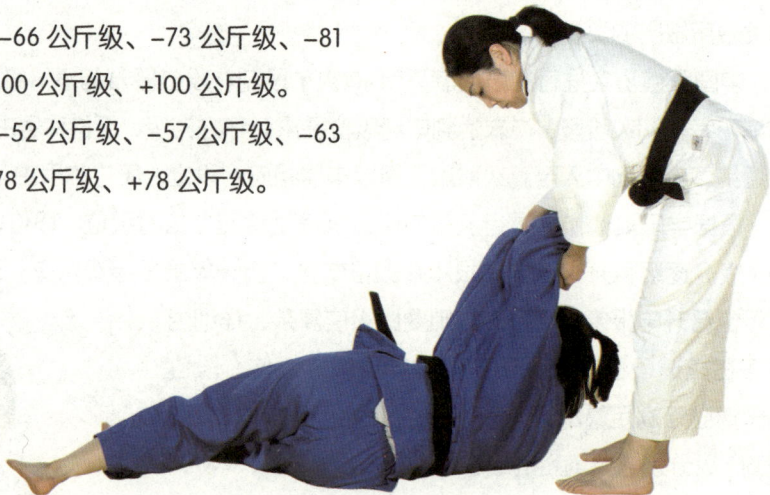

分值评定

比赛时，根据运动员使用的技术，按其质量和效果评定分值。根据新修订的柔道竞赛规则将评定总结如下。

获得"一本"

（1）当比赛的一方把对手摔倒或施展反摔动作，其技术具备速度、力量、对手背部大部分着地、高度的技术控制和连贯性四项条件时。

（2）当比赛的一方把对手控制住，使其在主裁判宣布"压技开始"以后 20 秒内不能摆脱控制时。

（3）当比赛的一方使用绞技或关节技，充分显示出技术效果时。

（4）比赛的另一方用手或脚拍击垫子两次或两次以上，或者喊"输了"时。

获得"技有"

（1）当比赛的一方控制住对手并摔倒对方，但技术效果在评判"一本"的四项条件（相当的速度和力量、对方背部大部分着地、高度的技术控制和连贯性）中有一项不足时。

（2）当比赛的一方把对手控制住，使其在主裁判宣布"压技开始"以后 10 秒或 10 秒以上，但不到 20 秒的时间内不能摆脱控制时。

比赛时间

全国成年柔道的比赛时间为 4 分钟。任何比赛者在连续两场的比赛之间有权得到一场比赛的休息时间。

比赛时间结束时，需用计时器的鸣声通知主裁判。比赛时间的结束，以计时器的鸣声为准。

任何技术得分信号若与比赛结束的时间信号同时发生则有效。比赛结束的时间信号和宣布"压技开始"的口令同时发生时，比赛继续进行，时间须延长至主裁判宣布"相应分值"或"压技解脱"为止。

主裁判宣布"暂停"至"开始"，以及"原姿势暂停"至"开始"之间的时间，不计算在比赛时间之内。

常见禁止事项

所有处罚分为：指导（轻度违例）、取消比赛资格（严重违例）。3 次指导处罚给予取消比赛资格的处罚。

指导（轻度违例）

（1）比赛中避免与对手交手，阻挡对手的抓握。

（2）在站立姿势时，采取极端的防守姿势。

（3）用手控制对手手腕不进攻。

（4）为了逃避比赛，虚假进攻，拖入寝技。

（5）在比赛中，抓握对手的手指或反扳对手的手指。

（6）未经主裁判允许，故意解开自己的柔道服。

（7）用手、手臂、脚或腿直接触及对方的脸部。

（8）在投技（手技、腰技、足技）中，用腿或膝拆把。

（9）扣住对手大领，下压对手，不进攻。

（10）双手破除对手的抓握。

（11）护住柔道服的边缘，不让对手抓握。

（12）绕头不进攻。

（13）用手击打对手手臂以解脱把位。

（14）一只脚站在界外不立即返回比赛区。

（15）两只脚出界。

（16）明显发力推对手出界。

（17）抓握腰带以下的任何部位（抱腿、抓、扛、夹）等，第一次给予指导处罚，第二次给予取消比赛资格的处罚。

（18）熊抱。

（19）用脚缠绕对手脚部，而未做出立即进攻动作，应给予指导的处罚。

（20）使用自己的衣襟腰带或对手的腰带衣襟，圈绕对手的颈部或用手指做绞技工具，应给予指导的处罚。

取消比赛资格（严重违例）

（1）当基本与对手面向同一方向时，试图用一条腿缠绕对手的腿，向后倒向对手来摔倒对手。

（2）除肘关节以外在对手的任何部位使用关节技。

（3）掀起躺在垫子上的对手，并将对手砸回到垫子上。

（4）当对手在使用扫腰、内股等动作时，从内侧扫对手支撑腿。

（5）无视主裁判的指挥。

（6）比赛中使用不必要的呼叫，评论或者诋毁对手或裁判。

（7）使用任何可能会伤害对手，特别是对对手颈部、脊柱有害的动作。

（8）当使用或试图使用腋固一类动作时，直接倒向垫子。

（9）当使用或试图使用内股扫腰等动作时，将对手头部下潜，使头部触到垫子。

（10）只要出现桥姿（此动作可能造成严重伤害），主裁判应喊暂停，待两名副裁判确认后给予取消比赛资格的处罚。

（11）违背柔道精神：任何违背柔道精神的举动都将被立即处以取消比赛资格的处罚。

（12）使用腕挫腋固把对方摔倒在垫子上的动作，应给予取消比赛资格的处罚。

（13）使用抓握对手单袖拉直摔至垫子上的动作，可能造成对手受伤，应给予取消比赛资格的处罚。

（14）第二次抱腿应给予取消比赛资格的处罚。

裁判设置

比赛设3名裁判，1名主裁判，2名副裁判。主裁判在场上组织运动员进行比赛，并评定技术，宣布胜负。

另2名副裁判，在比赛场下，协助主裁判。

金分加时赛

1. 当双方运动员在常规比赛时间结束时，没有技术得分或者双方技术得分相同时，比赛将进入金分加时赛，常规比赛中受到的指导处罚不能决定胜负。

2. 常规比赛时间内，双方所有的得分和指导处罚，都将带入金分加时赛，并显示在计分板上。

3. 金分加时赛中只能通过技术得分（技有或一本）或处罚取消比赛资格（直接或累积）分出胜负。

4. 处罚不视为得分。

第 2 章

基本姿势与动作

2.1 基本身体姿势

2.1.1 立姿

自然体

自然本体

右自然体

左自然体

自然体是一种高站立姿势，除了自然本体之外，还包含了右自然体和左自然体。这种站姿动作自然，无论进攻或防守都十分方便。

在自然本体的基础上，右脚向前迈出一步，双脚之间的距离约与肩同宽。

自然站立，双脚分开，距离约与肩同宽，双脚跟内收，双手握带头。

在自然本体的基础上，左脚向前迈出一步，双脚之间的距离约与肩同宽。

自护本体

双脚分开，距离约与肩同宽，双脚跟内收，双腿微屈，上半身挺直，双臂自然下垂，双手放于大腿位置，正视前方。

右自护体

左自护体

在自护本体的基础上，右脚向前迈出一步，双脚之间的距离约与肩同宽，身体由正面站立转为侧身站立。

要点提示

自护体是一种低站立姿势，除了自护本体之外，还包含了右自护体和左自护体。这种姿势不仅能防御对手的猛攻，还能对对手进行反攻。自护体站立法的身体重心在双脚之间，双腿微屈，便于平衡整个身体。

在自护本体的基础上，左脚向前迈出一步，双脚之间的距离约与肩同宽，身体由正面站立转为侧身站立。

跪姿

STEP

1

要点提示

脚趾蹬垫是为了在对手突然发起进攻时，方便立即起身。

双膝跪立于垫上，脚趾蹬垫，双臂自然下垂，双手放于大腿位置。上半身挺直，目视前方。

2

双脚脚趾蹬垫

行礼时双手抬起放到身体前方的垫子上，上半身前屈，背部挺直，不可抬下巴。

2.2 基本步法

柔道基本步法是进攻和防守的重要基础。正确的步法，在比赛中能够把身体各部分的力量集中到一点，并能保持身体的稳定。无论在前进、后退还是旋转时，都可以随机变换成下一个动作，并且还能自如地运用相关技巧。

2.2.1 右脚向前上步

STEP

1

2

右脚向前跨步

自然体姿势站立，右脚向前跨出一步，同时向左后方转体，保持面向前方，身体与对手成直角。

要点提示

右脚向前跨步，双腿微屈膝，降低身体重心。

STEP

1

2

自然体姿势站立，左脚向前跨出一步，同时向右后方转体，保持面向前方，身体与对手身体成直角。

要点提示

左脚向前跨步，双腿微屈膝，降低身体重心。保持身体重心的稳定，做好进攻或防御的准备。

左脚向前跨步

左右脚交互移动

STEP

1

2

3

膝关节微屈

右脚向前跨步

左脚向前跨步

要点提示

左右脚在交互移动的过程中，同样要微屈膝降低身体重心，保持重心的稳定。

右脚向正前方跨出一步。双脚以此规律交互前行，该步法在走大步时使用。

STEP

1

右脚向前跨一步后左脚跟步于右脚后，双脚距离虽然很近，但并不紧贴，依然保持一定距离。

2　　3　　4

右脚向前跨步

左脚跟步后右脚依然在前

右脚继续向前跨步

左脚继续跟步

其他角度

跟步的动作要领是一只脚一直在前，而另一只脚一直在后，并不是双脚交替前行。

脚步移动步法

双方面对面站立，施技方右脚跨出落于对手右脚前。

2

以右脚为轴向左转身，左脚落在对手左脚前，与对手从面对面转为背对对手。

3

要点提示

右脚上步时，头的位置不能超过迈出的右脚，防止自己重心向前移动过多，导致对手进行反攻。

后回转

双方面对面站立，施技方左脚向后撤出一步。

2

左脚向后撤出一步

3

身体以左脚为轴向左转身，右脚落在对手右脚前，与对手从面对面转为背对对手。

👣 脚步移动步法

2.3　基本受身

柔道初学者首先要学会受身法，受身法是一种在倒地时进行自我保护的方法，它不仅可以提高身体的结实度，还可以使自己的内脏器官在倒地时减轻振动。学会并掌握受身法之后，在被对手摔倒时，身体不会被摔痛，也不容易受伤。在每次开始练习之前，都要先进行受身练习。

2.3.1　直立向前受身

STEP

1

2

3

腰背保持挺直

自然体姿势站立，上半身向前扑倒，双手手掌压叠，手指略向内。

4

倒地时肘关节弯曲，面部和头不要着垫。双手指尖依然保持略向内的姿势

倒地的瞬间双脚脚尖蹬垫

倒地的瞬间双臂弯曲，手掌拍击垫子，上半身伸直，腹部不要着垫。

要点提示

柔道运动中，向前受身练习可以缓冲身体向前方倒下时的冲击力，避免身体正面撞击垫子。

23

2.3.2 跪立向前受身

1

2

腰背挺直跪于垫上，上半身向前扑倒，双脚脚趾蹬垫，双手手掌压叠，手指指尖略向内。

双手手掌打开，指尖略向内

腰背保持挺直

3

倒地的瞬间双臂弯曲，手掌拍击垫子，上半身挺直。

4

腹部不要着垫

要点提示

无论是站立还是跪立向前受身，在倒地时都是用双臂和脚尖支撑身体，胸腹部、面部及头部都不要着垫。

蹲低侧向受身

STEP

1

双脚脚尖蹬垫

2

练习者双脚脚尖蹬垫蹲低，同时伸出右臂、右腿至身体前方。

3

身体向右侧倾倒，臀部先着垫，然后身体的一侧着垫，右臂与右手掌拍击垫子。

4

头不要着垫，避免头部受到撞击

要点提示

柔道运动中，身体侧面倒地的机会较多，因此，为了缓冲身体侧面倒下时的冲击力，避免身体被摔痛或者摔伤，柔道练习者必须学会和掌握侧向受身的方法。

25

直立侧向受身

STEP 1

2

自然体姿势站立，倒地的一侧同时伸出手臂和腿至身体前方，弯曲支撑腿膝关节的同时，身体向另一侧倾倒。

腰背保持挺直

3

臀部先着垫，然后身体的一侧着垫，伸出的手手掌打开和手臂一起拍击垫子。

4

要点提示

受身练习不能只练习一侧，左侧受身和右侧受身都要进行练习。

直立向后受身

STEP

1

自然体姿势站立,双臂前平举,屈膝向后坐。

2

屈膝向后坐倒

3

头部不要着垫,避免头部受到撞击

臀部先着垫,然后腰部、背部依次着垫,双腿上举,脚尖朝上,目视腰带,双手手掌打开和手臂一起于体侧拍击垫子。

4

拍垫时用全臂,只用前臂容易导致肘关节受伤

2.4　抓手方法

2.4.1　拉低手

STEP

1

施技方先用左手抓握对手的右小袖，然后向自己的斜上方提拉，使对手的身体失去平衡。

3

向自己的斜上方提拉

2

要点提示

抓握时拇指在对手小袖的外侧，其余四指在小袖内侧，提拉小袖的同时，旋转腕关节。手指不能乱抓，抓握的方法不正确容易使自己的手部受伤。

STEP

1

双方面对面自然站立，施技方用左手抓握对手的右小袖。

2

要点提示

抓小袖的分解步骤。

手指抓握的方法为拇指在对手右袖的外侧，其余四指在右袖内侧。

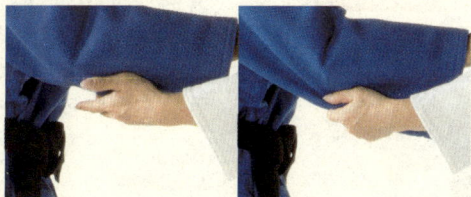

抓小袖和直门

直门是指柔道服上衣胸襟边缘部位。右手抓握对手左侧胸襟或左手抓握对手的右侧胸襟，都称为抓直门。

STEP

1

2

要点提示

抓直门的手，拇指在衣领的里面，其余四指在衣领外面。另一只抓小袖的手依然是拇指在衣袖的外侧，其余四指在内侧。

双方面对面自然站立，施技方左手抓握对手的右小袖，右手抓握对手的左侧胸襟。

2.4.4 提拉

STEP

1

施技方左手抓握对手的右小袖，右手抓握对手的左侧胸襟。

2

双手向左斜上方提拉对手的身体，使对手向其右前方失去平衡。

要点提示

尽量使自己的身体贴近对手的身体，若离得太远，对手可能会伺机反攻。当对手的身体失去平衡时，施技方可以伺机施技，将对手摔倒。

抓小袖扣大领

STEP

1

施技方左手抓握对手的右小袖，右手扣握对手后颈处的衣领。

2

要点提示

大领的扣握方式为拇指在衣领内，其余四指在衣领外。当施技方扣握住对手的大领时，可以伺机实施大外刈、内股等动作。

3

扣握住大领之后，左斜向上提拉对手的身体。

抓小袖和后腰

STEP

1

施技方双手抓握对手的左小袖，牵拉对手的身体，迫使对手上半身前倾，然后右手抓握对手的后腰带。

2

3

要点提示

左手一定要用力拉紧对手的左小袖。

抓同侧小袖和偏门

STEP

1

双方面对面自然站立,
施技方左手抓握对手的
右小袖。

2

然后右手抓握对手的右领襟。要
注意抓握的是对手同一侧的小袖
和领襟。

要点提示

抓领襟的手,拇指在衣襟外侧,其余
四指在衣襟内侧。

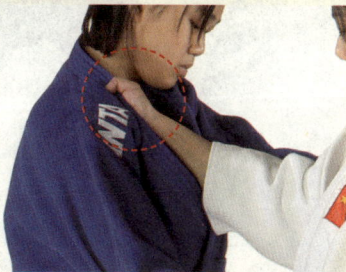

双手抓同侧直门

STEP 1

双方面对面自然站立，施技方双手抓握对手直门，右手在上，左手在下。

2

3

要点提示

注意两只手的抓握方式，并且两只手抓的是同一侧的直门。

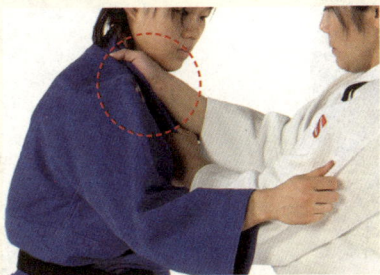

STEP

1

双方面对面自然站立，施技方左手抓握对手的右侧胸襟，同时右手抓握对手后颈处的衣领。

2

要点提示

注意两只手的抓握方式。两只手都是拇指在衣领内侧，其余四指在衣领外侧。

STEP

1

双方面对面自然站立，施技方左手抓握对手右小袖，右手抓握对手左小袖。

2

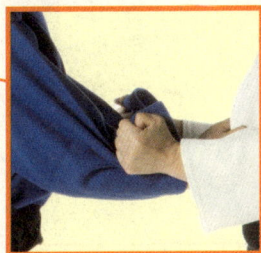

要点提示

抓握小袖并变换把位，可以趁机实施巴投、大内刈、双手背负投、体落等动作。

STEP

1

双方面对面自然站立，施技方双手平行抓握对手的两侧直门。

2

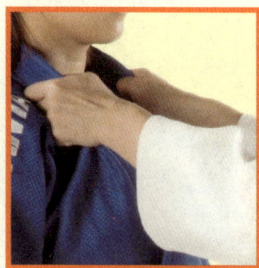

要点提示

控制住对手的直门，可以实施单手背负投、单手大外刈等投技。

第 **3** 章

基本立技

3.1 基本手技

3.1.1 ▶ 体落

STEP

1

施技方右脚上步移至对手右脚前，右手上提，左手抓住对手的衣袖将对手的手臂向上拉，使对手的身体转向右前方。

将对手右手肘向上、向前提拉

要点提示

施技方右手抓对手的左前领，左手抓对手右袖，调整脚步，使对手重心不稳。

2

施技方右膝弯曲

脚步移动步法

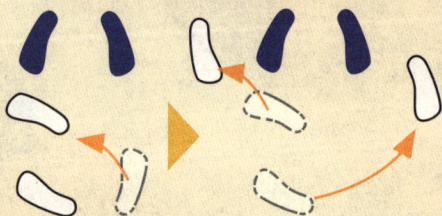

施技方左脚背步落于对手左脚前外侧，右脚迅速移至对手右脚外侧。

3

施技方左右手顺势向右前方拉，上半身向左前扭转前屈并保持腰背挺直，同时右腿绷直发力。

发力后关节绷直

4

要点提示

施技方的右脚移至对手右脚外侧时，右脚脚尖应向内或向前，向外会容易受伤。

施技方全身配合用力，将对手向前摔倒。

STEP

1

施技方右脚上步落于对手的右脚前，重心随之移至右脚尖上，同时右臂弯曲插进对手右腋下。

左手向上提拉对手的右袖。

要点提示

背负投是柔道中的必杀技，是主动攻击技能，能使对手背部大部分着地从而获得决定性胜利。

2

用背去贴紧对手的胸腹部

脚步移动步法

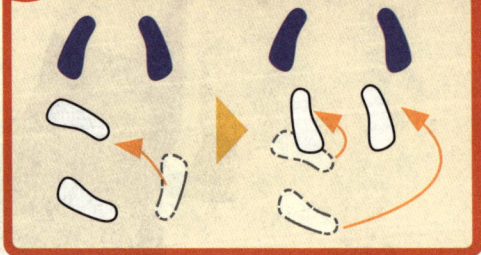

施技方双臂用力拉对手的同时，向左转身，左脚背步落于对手的左脚前，双腿弯曲，降低身体重心。

3 施技方左手向自己的左腰侧牵拉对手右臂，右手随左手运动方向用力，同时双腿蹬直，臀部上顶，上半身前倾，向左转身，将对手摔出。

以背部为主要
支撑点

4 将对手摔出至右前方，使对手成侧倒状态。

要点提示

施技方上步、背步时后腰不要弯曲。加速发力将对手摔出时主要依靠双腿的蹬力，而不是只用腰部力量。

STEP

1

施技方的右脚上步落在对手的右脚前，重心随之移至右脚尖上。同时施技方右手从对手的右胸前穿过，用右臂贴着对手身体插进对手的右腋下并夹紧对手右上臂。

要点提示

一本背负投也叫单手背负投，是柔道中主动进攻技能，也是必杀技。施技方右臂在插入对手右腋下时不要插入太深，避免出现背负过高不宜投出的情况。

2

膝关节弯曲，降低重心

脚步移动步法

施技方左脚背步落在对手的左脚前，屈膝降低身体重心。左手向左腰侧方向用力，使对手的胸腹部贴着自己的背部。

3

施技方左手继续用力，使对手重心往前
上方移，并以右肩为支撑点将对手身体
扛于后背上。

右臂弯曲并钳
住对手右臂

4

双腿蹬直
发力

5

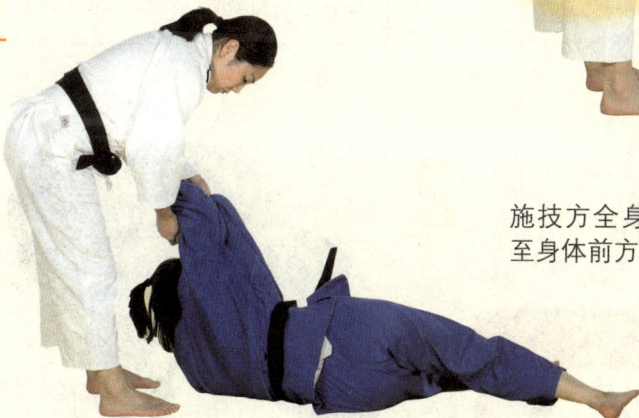

施技方全身配合用力将对手投出
至身体前方。

要点提示

施技方上背步要迅速，
并且背步蹬地要有力，
将对手拔出时主要用
双腿的蹬地发力，而
不是仅用腰的力量。

3.2 基本腰技

3.2.1 大腰

STEP 1

施技方左手抓对手的右衣袖,右脚上步,右臂插入对手的左腋下，并扣握对手的后腰带，搂紧腰部，双手向自己方向用力提拉，使对手身体重心前移。

左手拉对手右衣袖，使对手失去平衡

要点提示

在实战中，施技方要先推顶对手，待对手回力时，右手直接插入对手的左腋下，搂住对手的腰部。施技方上步背投时，动作要快，双手要拉紧对手，使对手的腹部紧贴自己的腰背部。

2

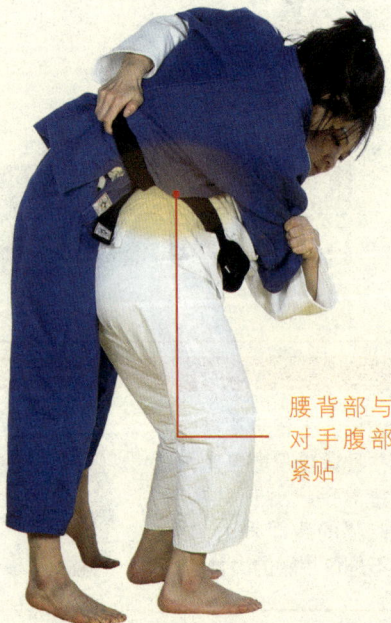

腰背部与对手腹部紧贴

脚步移动步法

施技方左脚背步落在对手左脚前，同时双膝弯曲，转腰成半蹲姿势。

3

臀部支顶
对手大腿
上部

施技方将对手背在腰上，双手拉紧，上半身前屈，蹬腿发力。蹬腿和翘臀上顶一致发力，向左转身。

4

5

用腰作为支点，全身配合用力，将对手投出至身体前方。

要点提示

1. 经对手的肩头抓住其腰带，使用大腰技术将对手摔倒，称为"大钓腰"。
2. 经对手的肋下部抓住其腰带，使用大腰技术将对手摔倒，称为"小钓腰"。
3. 在对手用大腰或其他腰技进攻时，将对手抱起摔倒，称为"后腰"。
4. 在对手以大腰或其他腰技进攻时，将对手抱起的同时转身扭腰将对手摔倒，称为"移腰"。

扫腰

1

左手斜向上提拉对手的右袖

施技方用左手抓对手的右袖并向自己的方向牵拉，右手抓对手的左前领（或后领）并向上提拉，同时右脚快速上步至对手右脚前。

右脚快速上步

2

左脚背步落于对手左脚前，右脚迅速移至对手右脚外侧。

左脚背步

脚步移动步法

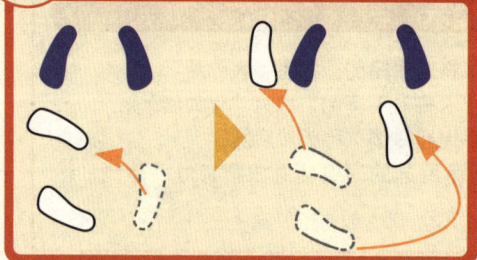

3

向左前方扭转身体，右腿向后
用力撩举对手的右腿。

4

上半身前屈，全身配合用力将
对手投出。

要点提示

右手向上提拉对手的身体，左手
持续向自己的左腰侧拉，双手配
合持续用力。

49

袖钓入腰

STEP

1

施技方右手抓对手的左袖，左手抓对手的衣领，迅速降低身体重心，右脚上步落于对手的右脚前。

右手向上提拉，使对手向前失去平衡

要点提示

施技方先向前迈步推顶对手并向后退步诱使对手向前迈出右脚，在对手右脚即将落垫的瞬间，使用袖钓入腰动作将对手摔倒。

2

左脚背步转身，右手向下拉，将腰紧贴对手的身体。

脚步移动步法

双膝弯曲，降低身体重心

3

左手向自己的左腰侧方向牵拉
对手的衣领，右手与左手向相
同方向用力。双腿蹬直，上半
身前屈。

后背紧贴对
手身体

4

施技方全身配合用力，将
对手投出。

要点提示

施技方的左手抓对手
的右领。

3.3　基本足技

STEP

1

施技方左手抓对手的右袖向自己的左腋下方向拉，右手抓对手的左前领（或后领）向上提拉的同时向自己左侧推。左脚快速落在对手的右脚外侧，使对手向右后方失去平衡。

🦶 脚步移动步法

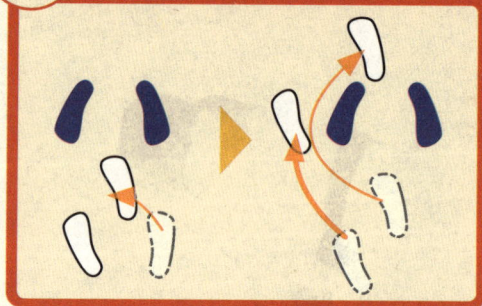

左脚移步至对手右脚外侧

2

右腿移至对手体后并伸直

要点提示

施技方左手拉和右手提推对手及左脚上步是同时进行的，用全力使对手失去平衡。左脚移至对手右脚的外侧，但不要离得太远，身体右侧尽量紧贴对手身体右侧。

重心移至左脚，右腿迅速移至对手身体后方。

3

施技方用右腿后部猛切对手的右腿后部，同时双手配合，猛推对手身体。

腿后部猛切对手的腿后部

要点提示

利用大外刈的技术，将自己的右腿别在对手的双腿后将其摔倒，称为"大外车"。

4

全身配合用力，将对手向左前方投出。

大内刈

STEP

1

施技方用右手抓对手的左领，用左手抓对手的右袖，右脚上步，左脚向右脚后侧移动。

要点提示

插进右腿时，施技方身体与对手身体垂直。

左脚向右脚后侧移动

2

施技方右腿插进对手的双腿之间，同时左手向对手的右肩部按推，右手向右侧提拉，使对手身体重心落在左脚后跟，身体向其左后方倾斜并失去平衡。

脚步移动步法

右腿插入对手双腿之间

施技方用右腿向对方的双腿之间贴脚跟插入，并向右侧划拨对手的左腿，将对手摔倒。

要点提示

右腿向右侧划拨时，划拨轨迹为弧形，不能向后勾，划拨位置不要太高。对手完全倒地前双手不要放开。

4

对手向其左后方仰卧摔倒。

要点提示

大内刈的一种变换方法（抱腿大内刈）：双方以右实战姿势站立，施技方右脚上步置于对手双腿之间，左脚跟步，用右肩抵住对手的胸部，左手抱住对手的右腿向上抬起，同时右腿别在对手的左腿后，用划勾的动作将对手摔倒。

小外刈

STEP 1

施技方右手抓握对手的左领，左手抓握对手的右袖，右脚上步落于对手的左脚外侧。

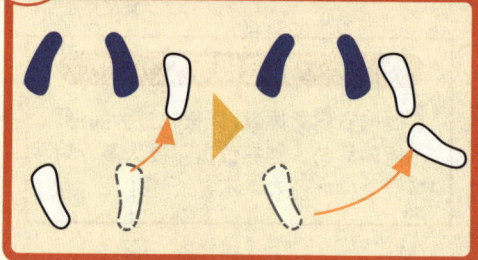

脚步移动步法

右脚上步，落于对手左脚外侧

2

左脚向自己的右脚后移动，双手下拉，使对手身体重心落于左腿。

要点提示

双手配合下拉，使对手重心落在左脚跟部，失去稳定性。

3

左脚进一步向自己的右脚后移动，支撑身体，同时左手推顶，右手下拉，右脚脚掌贴着对手的左脚脚后跟处，向前拨举对手的左脚。

向对手的脚尖方向拨举对手的左腿

要点提示

右脚拨举对手的左脚跟部时，左脚不要离右脚太远，并且尽量靠近对手的身体，腰部尽量挺直。

4

对手身体失去平衡，摔倒在地。

小内刈

STEP

1

施技方右手抓对手的左前领，左手抓对手右袖，右脚向前迈进一步，左脚跟步成侧身姿势。

要点提示

施技方右脚向内翻，使脚的外侧着垫，从对手的右脚内侧勾住其脚跟。

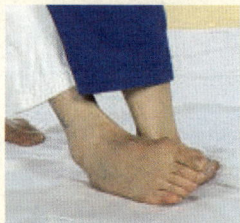

2

左手向下拉对手的右袖，同时右手向前下推按对手

施技方用左脚支撑身体，用右脚掌勾住对手的右脚跟内侧。

脚步移动步法

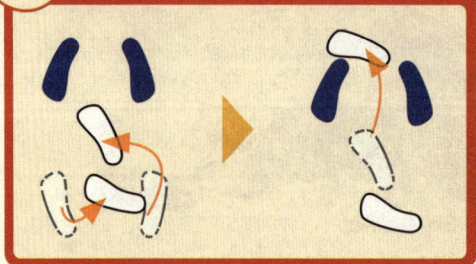

58

3

施技方右脚掌勾住对手的右脚跟内侧向对手的脚尖方向划勾，双手抓紧对手向其右后方猛推。

划勾的方向为对手的右脚尖方向

4

对手向其后方摔倒成仰卧姿势。

要点提示

施技方双手按和推的动作要和腿上的动作相配合。下按可以使对手的重心移至右腿，前推是为了配合腿部划勾用力。手与脚的动作配合不到位或者方向不正确，很难将对手摔倒。

支钓入足

STEP
1

施技方右手抓握对手的左领，左手抓握对手的右袖。

2

左手向前上方提拉对手的右袖

施技方右脚上步落于对手的左脚外侧，左脚跟步，左手向前上方提拉对手的右袖，右手向下拉，使对手向后方扭转身体，并且使其重心落在左脚尖上。

脚步移动步法

要点提示

施技方可先向前推顶对手的身体，待对手回力的瞬间，右脚快速上步至对手左脚前，同时提拉对手的身体，使对手重心偏移。

3

施技方调整脚步，重心移至左脚，用右脚内侧用力扫踢对手的左脚腕处，双手同时向右后方用力推对手。

腰部尽量挺直

4

对手身体失去平衡，摔倒在地。

左腿不要弯曲

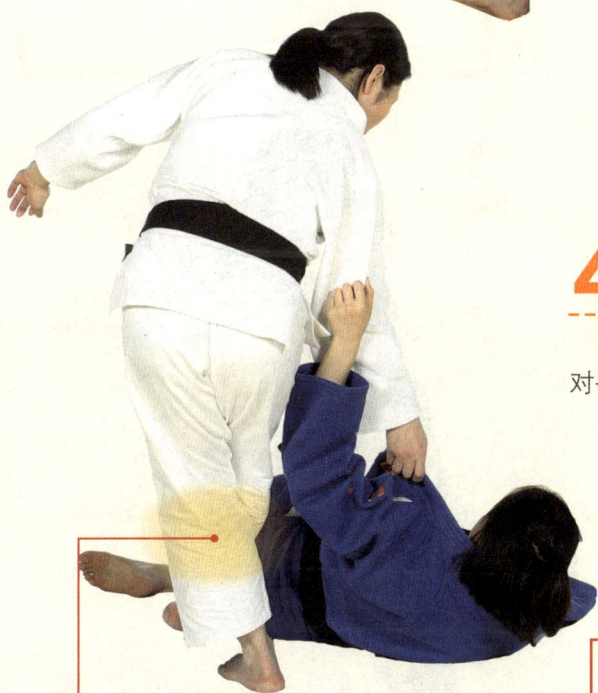

要点提示

扫踢对手时，身体不要离对手太远，可调整脚步，尽量贴近对手。要扫踢对手的脚腕处，而不是扫踢对手的小腿部。

内股

1

施技方左手抓对手的右袖，右手抓对手的左前领（或后领），右脚上步至对手右脚前侧。

脚步移动步法

2

左脚背步，向右脚后方移动，左手向自己的左后方拉，右手向同方向用力，使对手身体失去平衡。

左手向自己的左后方牵拉对手的身体

正确和错误

施技方的身体右侧与对手身体紧密贴合，尽量将对手身体的重心拉出其控制范围。

施技方调整脚步，重心移至左腿，左手向自己的左腰侧用力拉对手的右臂，右手向同方向用力。右腿插进对手双腿之间，并向上撩举对手的左腿。

3

右腿向上撩举对手左腿

4

将对手向右前方摔出。

要点提示

撩举对手之前，左脚要完成背步动作。

3.4 基本舍身技

3.4.1 巴投

STEP

1

施技方右手抓对手的左前领，左手抓对手的右袖，同时右脚向左前迈进一步。

要点提示

施技方双手先推顶对手，抓住对手回顶的瞬间，双手同时向自己的方向水平猛拉，使对手身体向前失去平衡。

左脚掌蹬住对手小腹

2

身体迅速下沉并向左侧倾倒，左脚蹬住对手腹部用力上扬，用右脚支撑身体。

要点提示

施技方向后倒时，臀部要贴着自己的右脚跟处，腰部下沉，利于右腿蹬地的力，左脚快速蹬举。

3

左脚将对手蹬起，双手继续水平向自己的方向拉，左腿与双手配合用力。

4

5

将对手投出至头部前方。

要点提示

在对手即将被投出的瞬间，左手向内旋转，使对手右臂向内移动，右肩向左旋转，以使对手不能用右手撑垫，利于将对手投出。

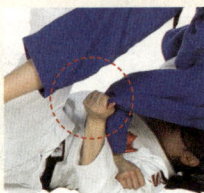
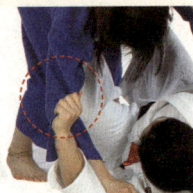

STEP

1

施技方寻找机会，使对手上半身前屈，左手顺势经对手右腋下插入，并搂紧对手右臂，右手抓握对手的后腰带（腰带后侧），腰臀部下沉，降低身体重心。

脚步移动步法

左脚向前迈至对手双脚之间前方。身体重心下沉并后仰，双手往回拉近对手。随后抬右腿插入对手双腿之间，右腿抵住对手左大腿根部内侧并向上抬起。

2

3

趁后倒之势，将对手投出。

第 4 章

基本寝技

4.1 基本固技

4.1.1 袈裟固

使对手成仰卧姿势，施技方位于对手身体右侧并发起进攻。左手抓握对手右袖，将对手右前臂夹紧于自己左腋下。右手从对手左侧颈部插入，控制对手的头颈部。双腿打开，用身体右侧压制对手身体。

夹紧对手的右前臂

要点提示

右手将对手的头部向上扳离垫子，防止对手头部着垫，借助支撑力进行反攻。

右臂环抱对手的颈部，控制住对手的头颈部。双腿打开，右腿贴近对手右肩下部，左腿向后撤，含胸收腹，上半身前屈，右体侧压制对手上半身。

右腋下部压住对手的右侧胸部

左腿后撤，脚掌内侧贴垫

第 4 章

基本寝技

要点提示

臀部要紧贴垫子，身体重心移至右腰处。身体不能过多压在对手身体上，防止重心偏移过多使对手借力反击。根据对手身体的移动调整自己的身体重心，使自己的身体尽量与对手的身体保持 T 形。

69

肩固

使对手成仰卧姿势，施技方位于对手身体左侧，左手从对手的右肩颈部插入。右手经对手左肩下插入，双手环抱对手肩颈，将对手的左肩颈与头部控制住并压紧。

右腿用力蹬直，脚掌蹬垫，辅助稳定身体

双手握紧，紧固对手肩颈部

要点提示

根据对手身体的移动调整自己的身体重心，以免自己身体重心偏移使对手借力反击。

使对手成仰卧姿势，左臂经对手的右肩插入颈后部，右臂从对手的左肩下插入，双手紧扣。抱住对手的头和肩并压紧，左腿屈膝顶住对手左腰侧，右腿蹬直。

左腿尽量不要伸直，以免对手勾住自己的左腿进行反攻

要点提示

抱紧对手的左肩和颈部，防止对手的左臂抽出。

第4章

基本寝技

横四方固

使对手成仰卧姿势，施技方跪于对手身体右侧，左手经对手右肩插入对手颈后部，右手插入对手左肩下，双手环抱对手的肩颈部，将对手紧固。

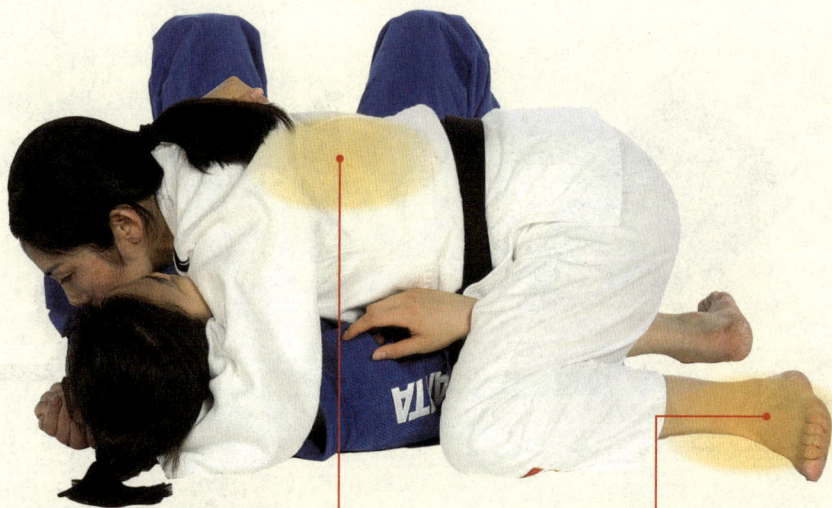

上半身前屈，用胸腹部压住对手

双膝跪地，双脚脚掌内侧贴垫

要点提示

双膝弯曲跪在对手的体侧并贴近对手身体。双臂环抱紧固对手肩颈部，用胸腹部压制对手，全身配合施力，将对手紧固住。

使对手成仰卧姿势，施技方位于对手体侧，左手从对手的右肩颈部插入，右手经对手左腋下插入，双手环抱对手肩颈，将对手的左肩颈与头控制住。

双手紧扣，紧固对手肩颈部

要点提示

上半身不能过多压在对手身体上，否则对手容易反攻，要根据对手身体的移动调整自己的身体重心，使自己的身体与对手的身体尽量保持 T 形。

上四方固

使对手成仰卧姿势，施技方跪于对手头部上方位置，双手分别从对手的两侧肩下插入，抓住对手的腰带，双腿弯曲，上半身压住对手上半身。

上半身前屈，腰部下沉

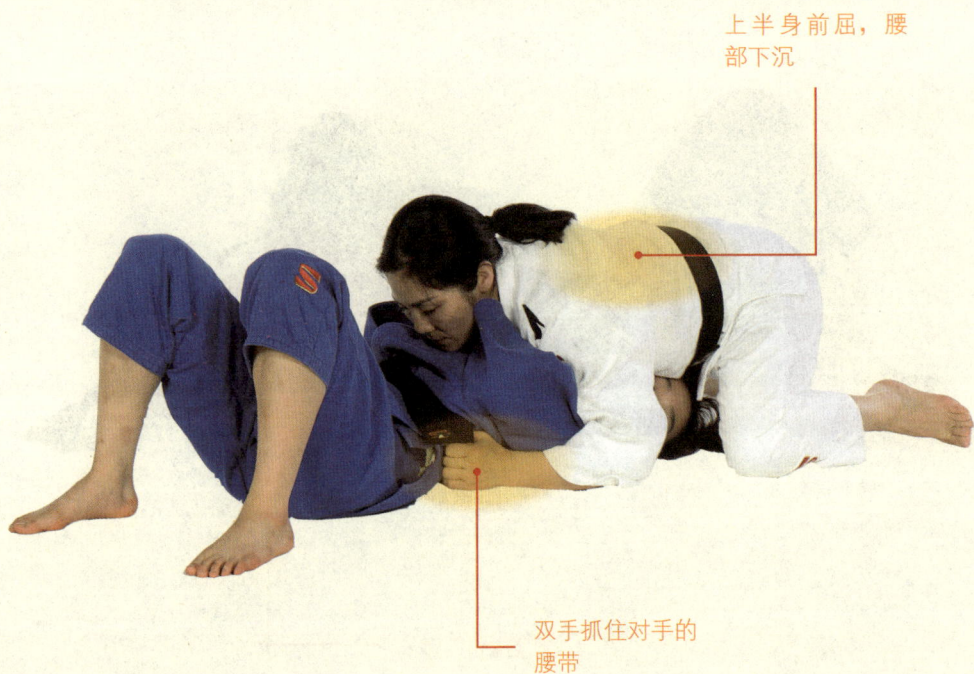

双手抓住对手的腰带

要点提示

胸腹部紧贴对手，双臂收紧，根据对手身体的移动调整自己的身体重心，使自己的身体与对手的身体始终保持在一条直线上。

施技方跪于对手头部上方位置，腰背
挺直，双脚脚掌内侧贴垫，用胸腹部
将对手压住。

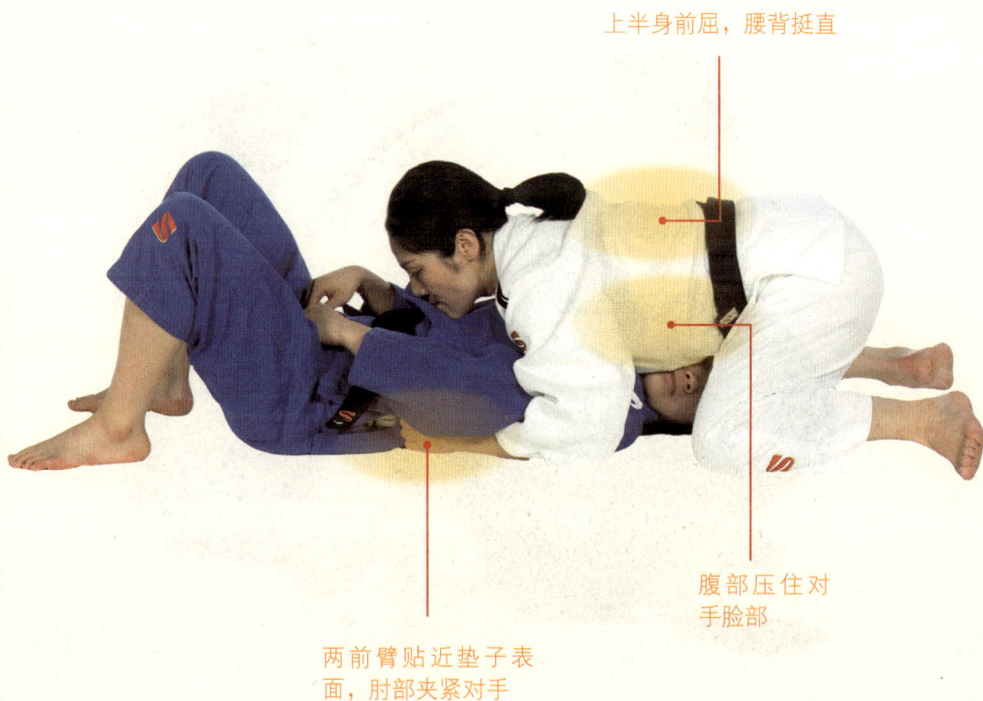

上半身前屈，腰背挺直

腹部压住对
手脸部

两前臂贴近垫子表
面，肘部夹紧对手

第 4 章

基本寝技

要点提示

在实战或比赛中，也可以将双腿向远端打开，趴在对手的身体上，用胸或腹部将对
手压住。

使对手成仰卧姿势，施技方以骑马姿势俯卧于对手身上，左臂经
对手的右肩插入颈下部，右臂从对手的左肩下插入，双手环抱，
将对手的身体紧固。

头部压紧对手的
左肩

要点提示

一定要紧固对手的肩颈部，防止对手手臂抽出趁机逃脱。

双膝打开，双腿夹住对手的身体，在对手的臀下部位将双脚脚尖扣起，掌心相对，将对手的双腿紧固。

胸腹部压住对手的胸腹部

双脚脚尖扣起

要点提示

头部压对手肩部，上半身不能向前超出对手身体过多，防止自身重心过度前移致使对手从双腿中间逃脱。

4.2 基本绞技

4.2.1 裸绞

使对手成盘腿坐姿势（或伸腿坐立姿势），施技方跪在对手的背后。右手从对手的右肩伸出并插入对手颈前部，腕部内侧贴紧对手喉部，左手从对手的左肩部伸出与右手扣紧。

腕部内侧贴紧对手喉部

要点提示

双臂用力拉紧，勒绞对手的颈部，迫使对手认输。

双手用力向后拉对手进行裸绞。

双臂紧拉，将对手的头颈部固定于自己胸前

要点提示

紧固对手头颈部后，可把右脸贴近对手左脸上，身体下沉，上半身用力压对手的头后部，迫使对手头部向前探，同时双手用力向后进行勒绞。

送襟绞

1

使对手成盘腿坐姿势，施技方跪立在对手的背后，右手从对手右侧肩颈插入颈喉部抓住对手左领襟。

腕部内侧贴紧
对手喉部

2

左手固定对手
衣襟，防止衣
襟松开

左手从对手左侧腋下穿过，抓握对手的两侧衣襟，右手向右拉，并用腕部内侧挤压对手的喉部。

要点提示

右臂的肘部尽量不要离开对手的右肩，否则对手会使用右手推开并逃脱。

片羽绞

STEP

1

施技方右手从对手右肩插入颈喉部抓握对手左领襟。

拇指在领襟内侧

2

左手从对手左腋下穿过，按压对手后颈部，并将对手左臂抬起，控制在自己胸前。右手沿对手下颌下方用力收紧领襟，勒绞对手颈部。

第4章

基本寝技

STEP

1

上半身贴近
对手头部

2

将对手左臂抬
起，控制在自
己胸前

要点提示

左臂插入颈后部，手腕和手指伸直，
手背朝后，手掌推对手的头后部，
使对手头前屈，与勒绞动作配合，
迫使对手认输。

三角绞

STEP

1

使对手成双膝跪地姿势，上半身前屈并用双臂支撑垫子，施技方直身跪于对手头部上方，右手扣握对手后带。

右手扣握对手后带

2

右腿绕过对手左肩贴近对手体侧时回勾小腿，并从对手左肩后插入背后。身体向右侧倾倒并将对手掀翻成仰卧姿势。

第4章

基本寝技

3

双腿搭扣，紧固对手

双腿搭扣，锁住对手头颈部。双腿向内收并夹紧，锁绞对手颈部。

4.3 基本关节技

4.3.1 腕缄

要点提示

要用自己的上半身将对手的上半身紧紧压住，固定住对手的右臂，这样才能反别对手的肘关节。

1

使对手成仰卧姿势，施技方从对手身体一侧趴卧在对手身上。迫使对手右臂弯曲，右手抓握对手右手腕，左手从对手右臂肘关节下插入并抓握自己的右手腕，控制住对手的右臂。

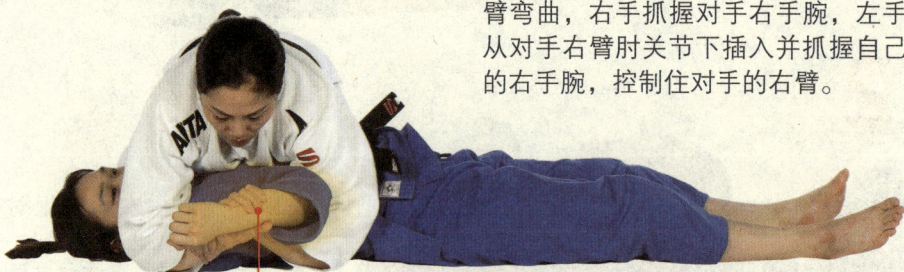

双手形成腕缄，将对手右臂固定

施技方右手向自己的方向拉，同时左臂向上撬对手的肘关节，将肘关节反别住。

2

要点提示

施技方与对手的身体成十字形，双手反别对手肘关节时，双手可以边拉边拧。

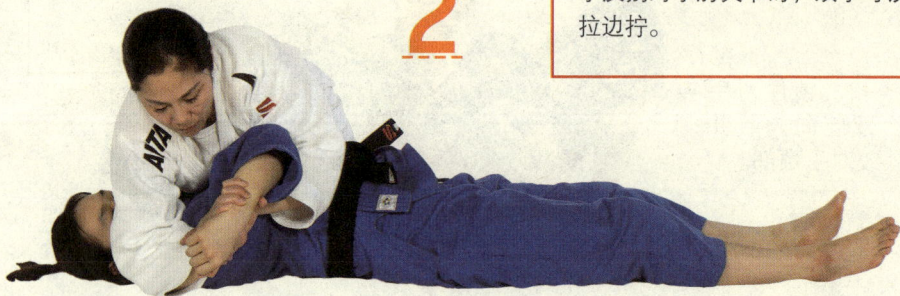

STEP

1

使对手成仰卧姿势，施技方位于对手体侧，抬右腿跨过对手的颈部和面部，右手抓握对手左手的腕关节，左手固定对手左臂。

身体后坐，右腿压在对手的颈部及面部上方，左腿向前跨并压在对手的胸部上方。

2

3

身体向后仰，同时牵拉对手的左臂，使其肘关节外展，形成腕挫十字固，将对手固定住。

第4章

基本寝技

85

STEP

1

一只手抓住对手的手腕，另一只手抓前臂。

双手用力牵拉对手的左臂，使对手的肘关节由弯曲变平直，紧固对手。

牵拉对手手臂，使其肘关节外展

2

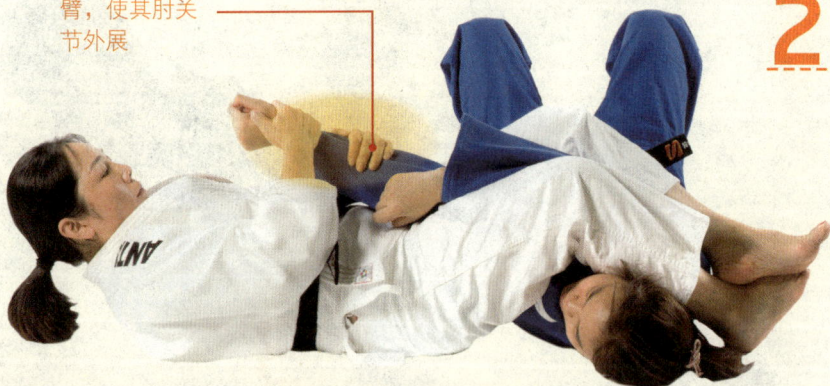

要点提示

施技方向后仰时臀部要贴着垫子并靠近对手的左肩，根据对手身体的移动调整自己的重心，与对手的身体尽量保持T形。

第 5 章

基本连络技

5.1 基本立技连络技

5.1.1 小内刈 + 背负投

施技方右脚快速上步，实施小内刈，对手调整步法准备逃脱。

施技方抓住对手右袖向左侧牵拉，同时右脚上步，左脚背步，实施背负投。

换一个角度来看这个进攻连络技。

施技方在实施小内刈动作时，对手会全力上抬右腿，将重心移至左腿上来化解施技方的攻击。

示范中，对手抬右腿化解第一次进攻。而施技方通过自身步法的调整，再次破坏对手的身体平衡，从而实施背负投进行二次进攻。

3

对手失去平衡，施技方降低重心，双手配合牵拉对手，把对手投出。

第 5 章

基本连络技

89

小内刈 + 一本背负投

施技方寻找对手的防守弱点作为突破口，快速上步，实施小内刈，对手抬腿准备逃脱。

施技方重新调整步法，右脚再次上步，顺势将右臂插入对手右腋下，左脚背步，实施一本背负投。

要点提示

换一个角度来看这个
进攻连络技。

示范中，施技方使用
小内刈动作，勾划对
手右脚跟部，对手抬
右腿并跨步逃走，化
解第一次进攻。

而施技方，通过自身
步法的调整，利用对
手因跨步逃走而重心
不稳的瞬间，顺势插
入自己的右臂，实施
一本背负投进行二次
进攻。

3

对手失去平衡，施技方降低重心，拉对手右臂，把对手投出。

第 5 章

基本连络技

91

大内刈 + 体落

施技方寻找对手的防守弱点作为突破口，快速上步，实施大内刈，用右腿划拨对手左腿。

对手抬起左腿后退并逃脱，施技方降低身体重心，调整步法，实施体落。

换一个角度来看这个
进攻连络技。
示范中，施技方使用
大内刈动作，勾划对
手左腿，对手抬左腿
并跨步逃走，化解第
一次进攻。
施技方调整步法，降
低身体重心，双手用
力向下牵拉对手的身
体，对手身体再次失
去平衡，施技方实施
体落进行二次进攻。

3

对手向前失去平衡，施技方背步，右脚移至对手右脚外侧，实施体落，把对手投出。

大内刈 + 大外刈

施技方寻找对手的防守弱点作为突破口，快速上步，实施大内刈，用右腿划拨对手左腿。

对手抬起左腿向后跨步并逃脱，施技方降低身体重心，调整步法，实施大外刈。

94

换一个角度来看这个进攻连络技。

示范中，施技方使用大内刈动作，勾划对手左腿，对手抬左腿并跨步逃走，化解第一次进攻。

施技方调整步法，降低身体重心，双手向自己左腋下方牵拉对手身体的同时，实施大外刈进行二次进攻。

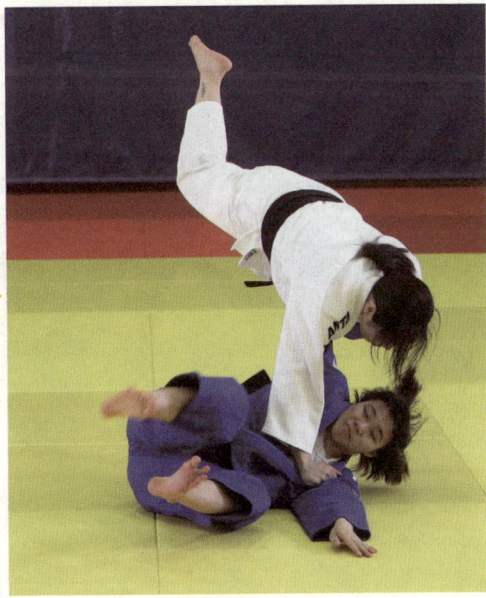

3

施技方向左下方牵拉对手的同时，快速实施大外刈，使对手失去平衡，把对手投出。

第 5 章

基本连络技

95

一本背负投 + 一本背负投

施技方寻找对手的防守弱点作为突破口，快速上步，实施一本背负投，对手准备逃脱。

对手跨步侧向移动进行逃脱，施技方抓住对手右臂，同时右脚上步，左脚背步，再次实施一本背负投。

换一个角度来看这个进攻连络技。

通常来说，一本背负投是进攻必杀技，训练者都会有针对性地对这个动作进行防守练习。

示范中，对手采用降低重心同时侧向移动来化解第一次进攻。而施技方，通过自身步法的调整，破坏了对手的平衡，从而实施了一本背负投进行二次进攻。

3

对手失去平衡，施技方降低重心，拉对手右臂，把对手投出。

施技方寻找对手的防守弱点作为突破口，快速上步，实施大外刈，对手趁机逃脱。

施技方重新调整步法，实施一本背负投。

换一个角度来看这个进攻连络技。

示范中，施技方使用大外刈动作，用右腿切对手右腿后部，对手右腿向后跨步并逃走，化解第一次进攻。施技方调整步法，降低身体重心，向自己的方向牵拉对手，使对手身体再次失去平衡，调整步法，实施一本背负投进行二次进攻。

3

施技方背步转身，降低身体重心，双手搂紧对手左臂，双脚蹬地发力，将对手投出。

99

施技方寻找对手的防守弱点作为突破口，快速上步，实施大外刈，对手趁机逃脱。

施技方重新调整步法，快速上步背步，实施大腰。

换一个角度来看这个进攻连络技。

示范中，施技方使用大外刈动作，用右腿切对手右腿后部，对手右腿抬起并向后跨步并逃走，化解第一次进攻。

施技方调整步法，降低身体重心，向自己的方向牵拉对手，使对手再次失去平衡，同时右臂插入对手左腋下，将对手背在腰上，实施大腰动作进行二次进攻。

3

施技方降低身体重心，右手搂紧对手后背部，左手抓紧对手右袖把对手投出。

5.1.8 ▶ 内股 + 体落

施技方快速上步，实施内股，对手跨步逃脱。

施技方重新调整步法，快速上步背步，实施体落。

换一个角度来看这个进攻连络技。

示范中，施技方使用内股动作，对手右手用力回拉同时左腿向后跨步逃走，化解第一次进攻。

施技方调整步法，并牵拉对手，使对手再次失去平衡，快速上步背步，实施体落进行二次进攻。

3

对手失去平衡，施技方把对手投出。

内股 + 一本背负投

施技方寻找对手弱点快速上步背步，实施内股，对手跨步逃脱。

施技方重新调整步法，快速上步背步，搂紧对手左臂，实施一本背负投。

换一个角度来看这个进攻连络技。

示范中，施技方使用内股动作，对手右手用力回拉重新调整身体重心，化解第一次进攻。

施技方调整步法，向自己的方向牵拉对手，使对手再次失去平衡，快速上步背步，实施一本背负投进行二次进攻。

3

施技方降低身体重心，蹬腿发力，把对手投出。

第 5 章

基本连络技

105

5.2 基本寝技连络技

5.2.1 袈裟固 + 腕挫十字固

施技方以袈裟固姿势紧固对手，抬起对手左臂向其右侧弯曲。

施技方顺势起身，抬右腿压住对手的左肩及面部，实施腕挫十字固。

抬左腿压住对手的胸腹部，将对手左臂置于双腿中间。

右手抓对手左手腕部，左手抓对手左前臂，双手配合牵拉对手左臂，身体向后方倾倒，双腿搭扣，紧固对手。

基本连络技

送襟绞 + 上四方固

施技方右手抓握对手左领襟处，上半身前屈，勒绞对手颈部。

上半身压制对手的同时，双腿在对手头顶位置成打开状态。

当对方企图通过转身成仰卧姿势进行摆脱时，施技方可以抬起臀部，左臂抬起，向对手左腋下方向扭转。

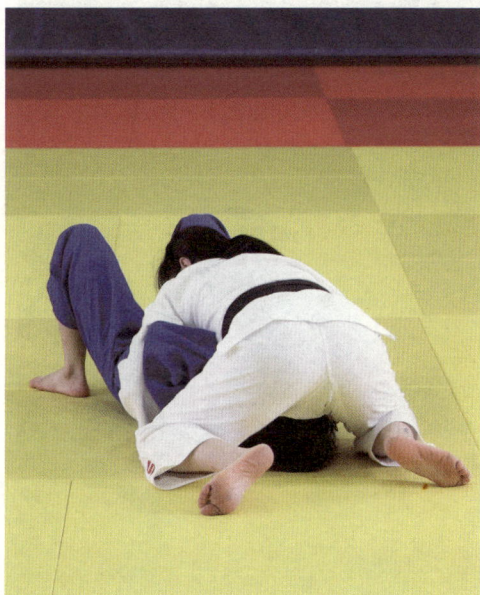

上半身趴卧于对手身体上方，腹部压住对手头部，双手抓握对手两侧腰带，双肘夹紧对手身体，紧固对手。

横四方固 + 腕缄

施技方以横四方固动作将对手紧固，上半身抬起，右手抓握对手右手腕部。

迫使对手右臂弯曲，左手插入对手肘关节下。

右手抓握对手右手腕部，左手抓握自己右手腕，实施腕缄动作。

右手向自己的方向拉对手的腕部，左手上撬对手肘关节，双手边拉边拧，将对手的肘关节反别住。

基本连络技

5.3 基本立技与寝技结合的连络技

5.3.1 一本背负投 + 横四方固

施技方寻找对手弱点，搂紧对手右臂，实施一本背负投将对手摔倒。

对手挣扎身体试图逃脱，施技方左臂插入对手后颈部，实施横四方固。

换一个角度来看这个进攻连络技。

示范中，施技方利用一本背负投动作将对手投出，在对手想要起身逃脱的瞬间，施技方迅速上半身前屈压制对手，同时伸左臂插入对手后颈部，紧固对手的肩颈部，实施横四方固，把对手紧固。

3

施技方双手环抱，上半身辅助压制对手，把对手紧固。

基本连络技

113

大内刈 + 袈裟固

施技方寻找对手弱点，右腿插入对手双腿之间，实施大内刈将对手摔倒。

对手落地的瞬间，施技方双腿快速越过对手身体，实施袈裟固。

换一个角度来看这个进攻连络技。

示范中,施技方快速上步转身,插入右腿,实施大内刈将对手摔倒。

施技方抓住对手落地的瞬间,双腿迅速跨至对手右体侧,同时插右臂固定对手的左肩颈部,双手配合,双腿打开,实施袈裟固,把对手紧固。

3

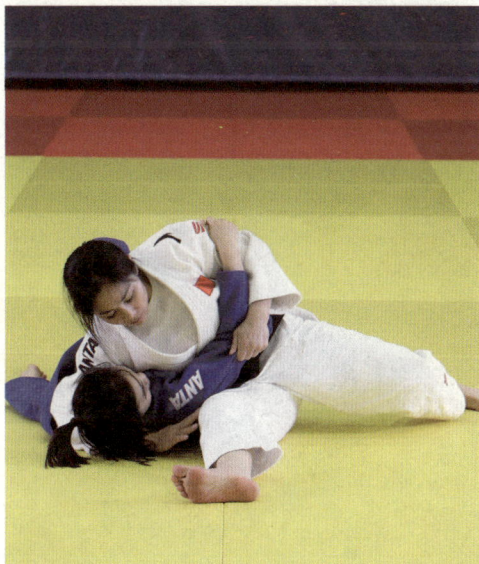

施技方右臂控制对手左肩颈部,左手将对手右臂控制住,上半身辅助压制对手,把对手紧固。

第5章

基本连络技

115

大外刈 + 袈裟固

施技方寻找对手弱点，快速上步，实施大外刈，将对手摔倒。

对手落地的瞬间，施技方顺势将右臂沿对手的肩颈部插入颈后部，实施袈裟固。

换一个角度来看这个进攻连络技。

示范中，施技方快速上步，右腿猛切对手右腿后部，实施大外刈将对手摔倒。

施技方抓住对手落地的瞬间，右臂插入对手的颈后部，左手向左腋下方向用力拉拽对手的右臂，实施袈裟固，把对手紧固。

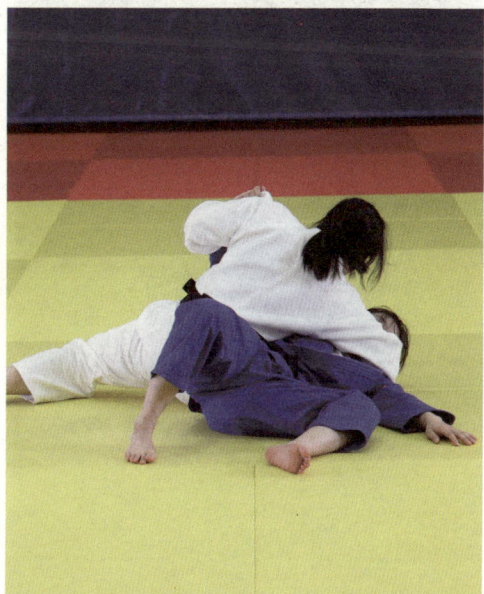

3

施技方左手挟制对手的右臂，上半身配合双手压制对手，把对手紧固。

第 5 章

基本连络技

背负投 + 腕挫十字固

施技方寻找对手弱点，快速上步，实施背负投将对手摔倒。

对手落地的瞬间，施技方牵拉对手的右臂并顺势抬左腿压向对手的右肩及面部，实施腕挫十字固。

换一个角度来看这个进攻连络技。

示范中，施技方快速上步背步，降低身体重心，实施背负投将对手摔倒。

对手落地的瞬间，施技方伸左腿压住对手的右肩部及面部，右腿压住对手的胸部。

双手搂紧对手右臂，同时身体向后倾倒，实施腕挫十字固，紧固对手。

3

施技方双腿搭扣，身体向后倾倒，将对手紧固。

体落 + 腕挫十字固

施技方寻找对手弱点，快速上步背步，右脚移至对手右脚外侧，实施体落将对手摔倒。

对手落地的瞬间，施技方牵拉对手的右臂并顺势抬左腿压向对手的右肩及面部，实施腕挫十字固。

换一个角度来看这个进攻连络技。

示范中，施技方快速上步背步，向前提拉对手，实施体落将对手投出。

对手落地的瞬间，施技方伸左腿快速压住对手的右肩部及面部，右腿压住对手的胸部，拉紧对手右臂，身体向后倾倒，实施腕挫十字固，紧固对手。

3

施技方双腿搭扣，身体向后倾倒，将对手紧固。

第 5 章

基本连络技

121

刘玉香

柔道世界杯52公斤级冠军

国家女子柔道队原主教练

　　硕士，国家级高级教练，运动健将，有 20 余年执教经验。2000 年悉尼奥运会 52 公斤级铜牌获得者、2000 年法国巴黎世界杯 52 公斤级冠军、2001 年慕尼黑世锦赛 52 公斤级铜牌获得者、2004 年哈萨克斯坦亚锦赛 57 公斤级冠军、2005 年第十届全运会 57 公斤级冠军。1998 年入选国家队并开始兼任教练，曾先后担任北京女子柔道队教练、国家青年柔道队主教练和国家女子柔道队主教练。在执教期间培养了多名奥运奖牌获得者，如许岩、徐丽丽等。